Gaudí

TOUT GAUDÍ

Photographies : Miquel Badia, Oriol Llauradó, Mike Merchant, Luis Miguel Ramos Blanco, Tavisa, Xavier Durán, Toni Ancillo et Archives Photographiques FISA-Escudo de Oro, S.A.

Texte, mise en page/dejour « design » et reproduction entièrement conçus et réalisées
par les équipes techniques de
EDITORIAL FISA ESCUDO DE ORO, S.A.

I.S.B.N. 978-84-378-2204-4
Dépôt Légal B. 26574-2011

Aujourd'hui, notamment suite à l'heureuse célébration de l'Année Internationale Gaudí, en 2002, à l'occasion du 150ème anniversaire de sa naissance, il existe, sur le marché, de nombreuses œuvres d'Antoni Gaudí. Nous pouvons dire que, jusqu'alors, il y avait eu très peu de publications sur ce personnage, surtout si l'on tient compte de l'abondante littérature dédiée à d'autres grands architectes. Nous sommes fiers d'avoir été l'une des premières maisons d'édition à avoir publié un livre sur l'œuvre de Gaudí spécialement destiné au public touriste, largement illustré et fruit d'un travail documentaire et photographique exhaustif. C'était en 1974, seulement six ans après la fondation de la Maison d'édition Escudo de Oro. Depuis lors, nombreuses ont été les rééditions ou nouvelles éditions actualisées que nous avons faites de cet ouvrage, édité en sept langues –espagnol, anglais, français, allemand, italien, japonais et russe–, et que nous avons l'intention d'étendre à de nombreuses autres.

Cette lettre se veut un remerciement aux touristes, aux touristes de toutes nationalités et de toutes conditions qui, tout au long de ces années sont venus en Catalogne et, en particulier, à Barcelone, pour découvrir, in situ, l'ingéniosité de Gaudí. Avec eux, nous avons appris à apprécier davantage encore son œuvre, sa créativité et sa projection internationale. En tant que barcelonais, nous sommes déjà fiers, mais, en tant que maison d'édition spécialisée dans le tourisme, nous espérons pouvoir continuer à nourrir cette passion que nous avons tous pour Gaudí.

Gaudí

Antoni Gaudí en 1878. Cette photographie conservée au Musée de Reus est l'un des rares portraits que l'on ait de l'artiste, qui n'avait jamais aimé poser pour les journalistes, et encore moins à la fin de sa vie.

Le Président Prat de la Riba et l'évêque Reig, lors d'une visite à la Sagrada Familia, écoutant les explications de Gaudí.

Antoni Gaudí i Cornet est né le 25 juin 1852 à Reus, selon certains plus précisément à Riudoms, village situé à seulement 4 kilomètres où ses parents possédaient une petite maison. Il est le cinquième et dernier enfant de Francesc Gaudí i Serra, chaudronnier, et d'Antònia Cornet i Bertran, appartenant elle aussi à une famille de chaudronniers. Cette circons-tance sera déterminante dans la trajec-toire professionnelle de Gaudí car, comme lui-même le déclara lorsqu'il devint vieillard, le sens de l'espace se révéla à lui dans l'atelier de son père, sur les tubes en cuivre qu'il manipulait. Quant à ses frères, deux moururent lors-qu'ils avaient seulement 2 et 4 ans ; un autre frère aîné, Francesc, mourut en 1876 de cause inconnue, peu après avoir obtenu la maîtrise en médecine, mort suivie de celle de sa mère ; et sa sœur aînée, Rosa, mourut en 1879, en laissant à sa charge sa petite fille. L'en-fant de Rosa et le père de Gaudí vin-rent alors vivre avec lui à Barcelone ; son père mourut en 1906 à l'âge de 93 ans, et sa nièce, d'une santé déli-cate, mourut en 1912 à 36 ans. Antoni Gaudí ne jouissait pas non plus d'une santé très solide. Déjà enfant, on lui diagnostiqua un problème rhuma-tismal qui l'empêcha de jouer avec les autres enfants, bien que cela lui per-mettait de faire de grandes promenades, une habitude qu'il maintiendra jusqu'à la fin de sa vie. Cette immobilité à la-quelle le petit Gaudí était contraint fit qu'il développa le sens de l'observa-tion, ce qui le mena à découvrir, avec une grande fascination, le grand spec-tacle de la nature, sa principale sour-

Antoni Gaudí lors de la procession du Corpus en 1924 (sur les marches du parvis de la cathédrale de Barcelone).

Projet de kiosques-urinoirs conçus en 1878 avec l'inventeur Enrique Girossi, pensés pour être installés sur les Ramblas. La partie avant aurait servi de boutique de fleurs, de journaux ou de boissons, alors que l'urinoir se trouvait dans la partie arrière. La partie supérieure était équipée d'une horloge, d'un thermomètre, et sur les côtés se trouvaient des vitrines pour des publicités. (Source : I.M.H.B.).

Projet de lampadaires pour le *Paseo de la Muralla de Mar* réalisé vers 1880. Le projet comprenait un total de huit lampadaires, chacun de 20 mètres de haut et avec une plate-forme en jardin. Les noms des amiraux catalans les plus importants y auraient été gravés (Source : Ràfols).

ce d'inspiration pour la décoration de toutes ses œuvres et la solution à de nombreux problèmes se présentant au cours de ses constructions. Même sa manière de travailler s'inspirait de la nature; c'est ce qui fut appelé « *construction organique* », par laquelle une idée s'ajoute à une autre et se transforme au fur et à mesure qu'elle grandit.

Un autre aspect important de son enfance mentionné par de nombreux auteurs, est son origine de Reus, et par extension, de la région de Tarragone. Ténacité, obstination, caractère fort et difficile, telle est la réputation que l'on donne traditionnellement aux gens de Reus, et Gaudí en faisait partie. Ce furent cette ténacité et cette obstination qui lui permirent de persévérer dans ses projets et ses idées autant d'avant garde, et plus encore lorsqu'une bonne partie de la société de son temps, y compris les critiques et plusieurs de ses clients, ne voyait pas d'un bon œil ce qu'il construisait.

En tant qu'étudiant, que ce soit au Collège des Pères des Ecoles Pies de Reus ou à l'École d'Architecture de Barcelone, Gaudí n'était pas un élève brillant, mais par contre un excellent dessinateur, et beaucoup de ses travaux universitaires démontraient déjà une créativité hors du commun. Il trouva la meilleure réponse à ses inquiétudes artistiques dans les livres et dans sa propre expérience, en travaillant déjà au début de sa carrière chez plusieurs architectes, afin de financer ses études tout en apprenant le métier.

Parallèlement, Gaudí participa à des actes et à des réunions à caractère *catalaniste* et même d'orientation anticléricale, même s'il acquit petit à petit une mentalité de plus en plus religieuse. Ainsi, il rentra en contact avec les mouvements ouvriers et partisans du co-

Caves Güell (Garraf, Province de Barcelone), œuvres de Francesc Berenguer i Mestres réalisées entre 1895 et 1897 et auxquelles collabora Gaudí. L'influence de Gaudí est visible surtout dans les arcs paraboliques et dans la conception des plafonds. Ainsi, la porte en fer de l'entrée possède la même disposition que celle des Pavillons Güell.

En 1900 Gaudí accepte de réaliser pour la Ligue Spirituelle de Notre Dame de Montserrat la première des 15 sculptures correspondant aux mystères du rosaire sur le parcours qui mène à la Saint Grotte depuis le monastère de Montserrat. Cependant, son approche de la figure de Christ ne fut pas du goût de tous, si bien qu'il abandonna le projet qui fut achevé par J. Llimona.

opératisme de l'époque. Sa première grande commande consista précisément à construire une usine et un quartier ouvrier pour la Société Coopérative *La Obrera Mataronense* (1878-1882). Malheureusement, l'initiative de la société échoua et seulement deux maisons furent construites.

La ville de Mataró laissa également une empreinte sentimentale dans la vie de l'artiste, puisque c'est dans cette ville qu'eut lieu le seul épisode amoureux de Gaudí dont on ait trace. Il semblerait que la relation ne fonctionna pas, car la jeune fille se décida pour un autre prétendant. Ainsi, Gaudí resta célibataire toute sa vie, et même si l'on en ignore les raisons, il est vrai qu'il consacra tout son temps à l'architecture et à son travail.

1878 fut une année importante du point de vue professionnel : Gaudí obtint le titre d'architecte, il réalisa des projets comme celui déjà cité pour la Société Coopérative *Obrera Mataronense*, ou celui des kiosques-urinoirs avec l'inventeur Enrique Girossi ; la ville de Barcelone le charge de la conception d'un lampadaire pour la Plaça Reial, Manuel Vicens lui commande ce qui sera sa première maison, et surtout, il rencontra Eusebi Güell i Bacigalupi (1846-1918), qui fut son grand protecteur et mécène. Le riche industriel avait vu dans la boutique du gantier Esteve Comella une vitrine originale dessinée par le jeune architecte, et il fut fasciné. Il voulut le connaître et l'invita chez lui. C'est ainsi que commencèrent une relation d'une profonde amitié et une admiration mutuelle qui dureront jusqu'à la mort de Güell, et qui rendirent finalement possible la création d'œuvre aussi géniales que les Pavillons Güell, le Pa-

Étendard que Gaudí avait conçu, en 1900, pour la chorale « Orfeó Feliuà » (Musée Municipal « Can Xifreda », Sant Feliu de Codines).

9

Porche de l'entrée de la Propriété Miralles (1901), à Barcelone, où fut installée une statue en hommage à l'architecte.

Jardins Artigas, 1905 (La Pobla de Lillet).

lais Güell, le Park Güell et la crypte de la Colonia Güell. Ainsi, en 1883, Gaudí créa pour Güell un pavillon de chasse à Garraf, près de Sitges, et il collabora probablement à la construction des Caves Güell (1895-1897).

Pour Gaudí, Güell fut le grand mécène qui lui permit de s'exprimer avec une entière liberté, et de mettre en pratique les idées, petites et grandes, qu'il voulait appliquer dans ces créations ; d'autre part, le fait de faire partie du cercle d'amitiés des Güell, l'une des familles les plus importantes de Catalogne d'un point de vue économique et grande connaisseuse des arts et de la culture, permit à Gaudí de connaître la crème des classes sociales dirigeantes. Pour Güell, Gaudí fut l'architecte idéal grâce auquel il se différenciait, à une époque où la représentation des formes dominait la vie sociale. Les commentaires ironiques et critiques sur ses œuvres formulés par l'opinion publique n'ont jamais eu d'influence, ni sur l'un ni sur l'autre ; Gaudí s'est toujours maintenu ferme dans ses réalisations et Güell l'a toujours défendu, et a même fait sa promotion pour d'autres projets.

Avant la première réalisation pour Güell (l'entrée et les pavillons de la propriété Güell, 1884-1887), Gaudí réalisa des constructions intéressantes : la Maison Vicens et Le Capricho, œuvres dans lesquelles prédomine encore un certain style historiciste, avec une nette influence de l'art arabe, mais qui possèdent déjà une empreinte très personnelle. D'autre part, en mars 1883, Gaudí devient l'architecte du Temple Expiatoire de la Sagrada Familia. Il consacra pratiquement toute sa vie à cette œuvre, de manière exclusive pendant ses douze dernières années, de 1914 à 1926.

En pleine construction du Palais Güell (1886-1890), il accepta deux nouveaux projets : le Palais Episcopal d'Astorga (1887-1894), dans la province de León, et le Collège des Sœurs de l'Ordre de Saint Thérèse (1889-1894), à Barcelone, projets auxquels s'ajoutera celui de la Maison de la famille Botines (1891-1892), dans la ville de León. Parallèlement, en 1891, il voyagea avec le second marquis de Comillas à Malaga et à Tanger pour visiter le site d'une future mission franciscaine à construire puis, en 1892, débuta la construction de la façade de la Nativité de la Sagrada Familia.

En 1898, Gaudí dessina les premières esquisses de l'église de la Colonia Güell, même si les travaux ne commenceront pas avant 1900. Cette année-là, il initia la construction de la Maison Calvet, pour laquelle il reçut le prix décerné chaque année par la Ville de Barcelone au meilleur édifice de la ville. Ce fut la seule distinction honorifique que l'architecte reçut dans toute sa vie, et justement pour l'édifice le plus conventionnel qu'il réalisa.

Xalet del Catllaràs (1905), La Pobla de Lillet. Il s'agit aujourd'hui d'une auberge d'excursionnistes gérée par la Fondation Pere Tarrés.

Puis, en 1900, il construisit le Premier Mystère de la Gloire pour le monastère de Montserrat, œuvre qu'il abandonna pour divergences d'opinion avec le conseil, et il commença la demeure appelée Torre Bellesguard, ainsi que le Park Güell. Comme le signala George R. Collins qui fut professeur d'Histoire de l'Art de l'Université de Columbia (New York), et qui réalisa en 1952 une superbe exposition sur Gaudí à New York, exposition qui supposa une grande renommée à l'échelle mondiale de l'architecte, « la rupture de Gaudí avec l'historicisme qui avait tant proliféré dans l'architecture du XIXème siècle, apparut peu après 1900, lorsqu'il conçut les chaises et les bancs de la Maison Calvet, les pavillons d'entrée du Park Güell et lorsqu'il commença à planifier l'église prévue pour la Colonia Güell ».

Un style totalement propre ou *gaudien* est donc celui qui caractérise ses dernières œuvres : celles déjà citées du Park Güell (1900-1914) et de la crypte de la Colonia Güell (1908-1915), la restauration de la Maison Batlló (1905-1907), la Maison Milà « La Pedrera » (1906-1910) et le Temple Expiatoire de la Sagrada Familia et ses écoles paroissiales (1909-1910). On ne doit pas non plus oublier la restauration de la Cathédrale de Majorque (1903-1914), œuvre qu'il abandonna ; son intervention dans la Propriété Miralles (1901) à Barcelone, où il construisit la porte d'entrée et une partie d'un mur ; ou les croquis qu'il dessina pour la construction d'un hôtel à New York (1908).

Deux œuvres de plus réalisées en 1905 à La Pobla de Lillet, dans les Pyrénées, doivent encore être ajoutées à cette liste : le dit Xalet del Catllaràs et les Jardins Artigas. Le Xalet del Catllaràs, aujourd'hui le siège d'une auberge d'excursionnistes, servait à l'origine de résidence aux médecins des mines de la région. Le charbon qui était extrait de ces mines était destiné à une fabrique de ciment appartenant à Güell. Alors qu'il construisait ce chalet, Gaudí recevait la commande de l'industriel, Joan Artigas, pour la projection d'un jardin sur ses terres. On y retrouve une nette influence du Park Güell, œuvre qu'il avait commencé cinq ans auparavant. Dans ces jardins, il faut noter la présence d'un square cylindrique, des rampes bordant les chemins, d'un pont et de la grotte artificielle.

L'après-midi du 7 juin 1926, Antoni Gaudí faisait sa promenade journalière jusqu'à l'église de Sant Felip Neri, comme d'habitude absorbé par ses pensées, lorsque soudain un tramway vint le renverser. Il mourut trois jours plus tard. Il fut enterré dans la crypte de la Sagrada Familia, l'église qu'il aimait tant et à laquelle il consacra de manière exclusive les dernières années de sa vie.

11

Cascade du Parc de la Ciutadella.

(1875-1881). Parc de la Ciutadella, Barcelone.

Même s'il ne s'agit pas, à proprement parler, d'une œuvre de Gaudí, on doit la considérer comme l'une de ses premières interventions. A l'époque, dans les années 1870, Antoni Gaudí était un jeune étudiant en architecture qui, pour financer ses classes, travaillait chez différents architectes comme Francisco de Paula del Villar, et comme collaborateur assidu du maître d'œuvres Josep Fontseré i Mestres. Ce dernier, auteur du Marché du Born (1873-1876) puis de l'*Umbracle* (1883-1884), une serre se trouvant également dans le Parc de la Ciutadella, gagna en 1873 le concours très disputé convoqué par la Ville pour l'organisation de ce nouvel espace récupéré comme jardin public, où était érigée jusqu'en 1869 l'abominable citadelle que Philippe V fit construire après le siège de Barcelone en 1714 et avec laquelle il voulait s'assurer le contrôle militaire de la ville. Josep Fontseré fut également chargé de concevoir une cascade monumentale à côté du lac artificiel.

La conception néoclassique du monument s'oppose au naturalisme de plusieurs éléments décoratifs, et c'est précisément là que l'on attribue l'intervention la plus directe de Gaudí, tout au moins quant à leur conception. On suppose que la collaboration du jeune Gaudí s'étend également aux autres œuvres de Fontseré dans le cadre du projet d'urbanisation du parc, comme par exemple les portes et les grilles en fer de l'entrée et la construction appelée Edifici de les Aigües (*Edifice des Eaux*), avec une grande réserve d'eau sur le toit pour approvisionner tout le parc.

(1878-1879).
Plaça Reial, Barcelone.

À l'époque où la vieille Barcelone connaît une transformation urbaine profonde suite à la démolition des murailles en 1854, et à l'époque du débat sur les modalités d'urbanisation de l'Eixample (finalement, en 1860, le gouvernement approuva le plan prévu par Ildefons Cerdà), la Plaça Reial fut construite. Sa construction eut lieu entre 1850 et 1859, sur d'anciens terrains du Couvent des Capucins cédés à la ville, l'architecte Francesc Daniel Molina ayant gagné l'appel d'offres. La transformation en jardins de cette élégante et grande place d'arcades n'a été définie que plus tard, en 1878, lorsque la Ville demanda au jeune Gaudí de concevoir un lampadaire pour illuminer cet espace.

Parmi les deux projets présentés, fut retenu celui constitué de deux lampadaires à six bras, s'ouvrant comme les branches d'un arbre. Malgré sa jeunesse, Gaudí démontre déjà dans ce petit projet une grande maîtrise des matériaux utilisés (la rationalité constructive est une constante dans toutes ses œuvres), en intégrant les ornements dans le propre élément constructif.

La place fut remodelée en 1984 par les architectes Correa et Milà, qui remplacèrent les parterres et la zone de circulation par une zone continue pavée, en conservant les lampadaires de Gaudí, la fontaine des Trois Grâces et les palmiers.

Au numéro 2 de l'Avenue du Marquès d'Argentera, devant le bâtiment du Gouvernement Civil, nous trouvons deux autres réverbères portant l'empreinte de Gaudí. Ils furent installés en 1890 et correspondent au modèle à trois bras.

Lampadaire de la Plaça Reial.

Gaudí

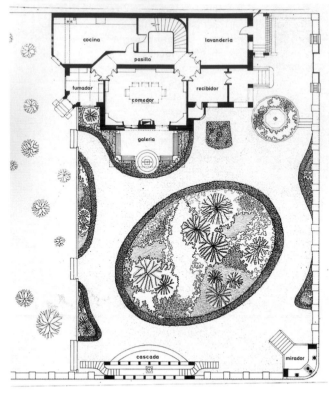

Tracé général de la Maison Vicens avec le plan du rez-de-chaussée selon le projet de Gaudí (Source : Bergós).

La Maison Vicens depuis le jardin, telle qu'elle fut construite par Gaudí (Source : A.H.U.A.D.).

(1878-1885). Rue des Carolines 18-24, Barcelone.
Résidence de propriété privée.

Grâce cette première grande œuvre, Gaudí exprima déjà son génie particulier d'architecte et sa fantaisie débordante d'artiste. Son apparence est celle d'une maison tout droit sortie d'un conte fantastique, en plus de laquelle on doit imaginer également le jardin original qui fut entièrement modifié suite à une grande restauration en 1925, ainsi que l'élargissement de la rue des Carolines et la vente d'une bonne partie de ce jardin en 1946 et 1962 pour la construction de deux maisons voisines. Si nous observons le tracé général de la maison et le jardin tel qu'il fut construit par Gaudí, nous constatons qu'à l'origine,

l'entrée principale donnait sur la rue perpendiculaire à la rue des Carolines ; le jardin disparut en grande partie ainsi que beaucoup d'éléments ornementaux (une partie du mur, une petite place, une fontaine et une cascade).

La Maison Vicens fut construite entre 1883 et 1885, même si Gaudí l'avait dessinée en 1878, la même année que l'obtention du diplôme d'architecte. Elle fut commandée par Manuel Vicens, fabricant de briques et d'azulejos, qui demanda au jeune architecte de lui concevoir une résidence d'été. Il s'agit donc de la première commande importante d'un propriétaire à l'artiste, et en définitive, de la première maison

qu'il construisait. Parallèlement, Gaudí se consacrait au projet de la Société Coopérative de Mataró, connut également à cette époque Eusebi Güell, et collabora avec l'architecte Joan Martorell, suite à la proposition duquel, en mars 1883, il commença à travailler sur le projet du Temple Expiatoire de la Sagrada Familia en tant que successeur de Francisco de Paula del Villar. Le plan de la Maison Vicens est principalement rectangulaire, forme uniquement déformée par l'avancée sur le jardin de la salle à manger et par les dimensions moindres du salon appelé Salon du Fumoir. Cependant, Gaudí réussit à donner à ce simple plan une

La Maison Vicens
aujourd'hui,
depuis la rue des
Carolines.

15

Grille d'entrée qui
imite les feuilles
d'un palmier.

Détails des balcons. A chaque coin de l'édifice, à la mi hauteur, se trouve une petite tour avec balcon.

Détail des fenêtres.

volumétrie complexe grâce à la riche conception des façades, sur lesquelles les parties saillantes sont abondantes, que ce soit par des petites tours ou des balcons ; à cette fin, il utilisa la pierre comme élément de base combiné avec des briques, l'ensemble étant recouvert de nombreux azulejos de couleurs, et de matériaux provenant du propriétaire de la maison.

Quant aux ornements et à la propre architecture de la maison, Gaudí s'inspire principalement de l'art mudéjar, mais on remarque également une recherche constante et une application de nouvelles formes architecturales et d'éléments ornementaux. D'une certaine manière, Gaudí tout comme Lluís Domènech i Montaner avec la Maison d'Editions Montaner i Simon (1879-1886, siège actuel de la Fondation Antoni Tàpies), annoncent une nouvelle architecture, celle du Modernisme, qui s'oppose clairement à la majorité des édifices de l'époque, d'un classicisme éclectique.

D'autre part, la conception de Gaudí de l'œuvre architecturale en tant qu'ensemble pour lequel aucun détail ne peut être négligé se révèle déjà dans cette première œuvre, car ce fut Gaudí lui-même qui conçut l'originale grille d'entrée et celle des fenêtres, ou l'exquise et abondante décoration de la salle à manger et du Salon du Fumoir ; en somme, dans chaque lieu, une forte personnalité se fait sentir, tout en créant dans chaque espace une atmosphère bien différenciée.

Détails du plafond de la salle à manger et de la galerie du jardin.

Porte de sortie du jardin depuis le Salon du Fumoir, dont le plafond est décoré de mozarabes.

19

LE **C**APRICHO

(1883-1885).
Comillas (Cantabrie).
Résidence de propriété privée,
accueille un restaurant depuis 1988.

Comme pour la Maison Vicens, les réminiscences arabes sont importantes dans Le Capricho, nom par lequel a toujours été connu ce petit palais que Gaudí construisit à Comillas pour le compte de Maxímo Díaz de Quijano. Gaudí utilise à nouveau les azulejos comme élément décoratif, même si sa thématique, une fleur de tournesol, est plus autochtone, et la fine tour rappelle également l'art arabe tel un minaret qui se dresse à l'extrémité de l'édifice au dessus du portail de l'entrée principale, conférant à l'ensemble une grande élégance. Cependant, en le comparant avec la Maison Vicens, Le Capricho se montre en terme général comme une œuvre moins fantaisiste et avec une décoration plus austère. La structure de l'édifice est par contre déjà plus arbitraire.

Conçu comme une résidence d'été pour un célibataire fortuné qu'était Máximo Díaz Quijano, Gaudí consacra une attention toute particulière au salon, lieu de relations sociales, possédant une grande fenêtre et deux petits balcons, et une hauteur hors du commun, ce qui lui confère une plus grande dimension. Autour de cette salle principale sont disposées l'antichambre, la salle à manger et les chambres pour les invités, alors que la cuisine et les chambres pour le service sont situées au niveau du sous-sol ; enfin, au troisième étage de l'édifice se trouvent les combles.

Du fait de la forte pente du terrain, Gaudí disposa une base en pierre pour faire office de socle, qui élève tout l'ensemble et sur laquelle se trouve l'éta-

Façades ouest et sud.

Détails des fenêtres.

ge du sous-sol. Sur la façade Sud il construisit un mur de contention, décoré en harmonie avec la maison ; et entre ce mur et l'édifice, il organisa une place pensée pour les réunions à l'air libre. Máximo Díaz de Quijano n'a jamais pu profiter de la maison, car une mort soudaine le surprit avant la fin des travaux.

Le Capricho constitue l'un des rares édifices pour lesquels Gaudí n'était pas constamment présent sur le chantier, une habitude qui lui permettait de transformer le projet initial en fonction du déroulement de la construction, et de dialoguer de manière permanente avec les ouvriers et les artisans pour déterminer et contrôler tous les détails. Il faut se souvenir qu'en même temps que le Capricho, Gaudí était engagé à Barcelone dans différents projets comme ceux de la Maison Vicens, du Temple Expiatoire de la Sagrada Familia et des pavillons de la Propriété Güell. Dans le cas du Capricho, on sait que Gaudí fut présent au moins une fois et qu'il était en contact permanent avec l'architecte auquel il délégua la direction des travaux, Cristòfol Cascante i Colom, qu'il avait connu à l'université et chez le maître d'œuvres Josep Fontseré ; de même, Cristòfol Cascante avait déjà réalisé quelques travaux dans la région de Cantabrie.

En plus de la tour élégante dominant l'ensemble et du portail d'entrée original, d'autres aspects à remarquer sont quelques grandes fenêtres à guillotine qui émettent des notes musicales lorsqu'elles sont actionnées, et le travail en fer forgé des balustrades des petits balcons, avec quelques éléments métalliques qui émettent également des sons lors de l'ouverture ou de la fermeture des fenêtres.

Perspective générale de l'entrée du
« Capricho ».

Gaudí

Vue aérienne des Pavillons Güell.

**(1884-1887). Avinguda de Pedralbes 7, Barcelone.
Centre d'Etudes sur Gaudí depuis 1977.**

La première commande qu'Eusebi Güell passa à Gaudí, un pavillon de chasse sur des terrains qu'il possédait sur la commune de Garraf, près de Sitges, ne restera finalement qu'à l'état de projet. Ce fut en 1883. Cependant, cette même année, Güell le chargea d'une autre construction. La résidence d'été que les Güell possédaient à Les Corts de Sarrià, alors dans les environs de Barcelone, venait d'être agrandie suite à l'achat de terrains limitrophes ; Güell voulait que Gaudí construise un mur entourant toute la propriété et ouvert par trois entrées, une principale et deux secondaires, en plus de quelques restaurations dans la maison même et quelques éléments du jardin. L'ancienne entrée principale de la Propriété Güell est cette œuvre très originale que nous pouvons contempler aujourd'hui et qui comprend la célèbre Porte du Dragon, à gauche le bâtiment de la conciergerie, et à droite les écuries et le manège. Le reste de la propriété fut très modifié après la mort de Güell.

Porte d'entrée aux Pavillons Güell.

Le célèbre dragon ailé de la porte d'entrée de la Propriété Güell.

Deux aspects du bâtiment de la conciergerie.

D'une part, l'ouverture de l'avenue Diagonal en 1919 divisa la grande propriété ; la maison et une partie des jardins furent offerts à la famille royale espagnole, la maison ayant été transformée entre 1919 et 1924 en ce qui est aujourd'hui le Palais Royal de Pedralbes. D'autre part, l'Université de Barcelone a acquis différents terrains pour la construction du Campus Universitaire. Sur ces terrains se trouvent les pavillons d'entrée de la Propriété Güell, ceux qui accueillent depuis 1977 le Centre d'Etudes sur Gaudí, dépendant de l'Ecole Technique Supérieure d'Architecture de Barcelone de l'Université Polytechnique de Catalogne. Ainsi, les deux autres entrées beaucoup plus simples de la propriété construites par Gaudí n'ayant plus raison d'être, elles furent démolies, même si une fut reconstruite en 1953, et peut aujourd'hui encore être contemplée près de la Faculté de Pharmacie.

Sans aucun doute, l'aspect le plus remarquable et celui qui attire le plus l'attention des Pavillons Güell est cette grande porte en forme de dragon. Réalisée en fer forgé, elle mesure cinq

Coupole du manège, grillage d'une porte latérale et achèvement de la colonne près de la porte principale s'inspirant dans les branches d'un oranger.

mètres de long et est supportée d'un côté par une colonne en briques s'élevant jusqu'à une hauteur de dix mètres. Telles sont la force et l'expression de l'animal représenté, comme si la porte avait été pensée pour créer ce dragon spectaculaire qui, avec son attitude agressive, joue à la perfection son rôle de gardien jaloux de la grande propriété s'ouvrant derrière lui. Son symbolisme remonte au Jardin des Hespérides et s'identifie au dragon Ladon, celui qui fut enchaîné par Hercule. Appartiennent également au mythe les oranges sur le pinacle de la colonne soutenant la porte et la position du corps

Détail du mur, cloche de la porte principale et coupole des écuries.

du dragon, qui est la même que celle des étoiles de la constellation du Dragon et d'Hercule. La figure du dragon fut, de plus, l'un des thèmes favoris de Gaudí, même si aucune autre œuvre ne possède le caractère monumental de cette porte.

Les deux pavillons complétant l'ensemble furent construits par Gaudí avec une grande économie de moyens, comme le montrent les matériaux utilisés, et qui démontrent une fois de plus l'implication de Gaudí dans chaque détail de la construction et de l'ornementation, aussi petits qu'ils soient. La décoration extérieure, formée d'une combinaison de céramiques de couleurs avec la brique et un jeu de relief sur les murs, montre déjà une certaine influence de l'art arabe, même si Gaudí laisse une marque plus personnelle rappelant ses deux œuvres précédentes, la Maison Vicens et Le Capricho.

En opposition avec la décoration extérieure abondante, l'intérieur des anciennes écuries, du manège et de la conciergerie correspond à des espaces clairs et très fonctionnels. L'édifice de la conciergerie possède trois corps de bâtiment, le principal d'un plan octogonal et couronné par une coupole abaissée. Le bâtiment des écuries est une construction allongée, caractérisée par une succession d'arcs de profil parabolique. Et le manège, pavillon voisin des écuries, forme un espace circulaire avec une galerie supérieure et une coupole par laquelle entre la lumière naturelle.

Avec un usage différent, les bâtiments de la conciergerie et des écuries sont séparés par la porte d'entrée ou du Dragon, même si leur style est identique quant à la décoration extérieure et aux petites tours au sommet de chacun des bâtiments.

La construction des Pavillons Güell eut lieu en même temps que celle du Palais Güell, œuvre débutée en 1886. Cependant, ces deux ensembles représentent deux mondes architecturaux très différentes, tout comme leur utilisation.

Les écuries après leur restauration (1977), espace qui accueille aujourd'hui la salle de lecture et la bibliothèque du Centre d'Etudes sur Gaudí.

Gaudí

Porte d'entrée du palais. Au centre, grille de la fenêtre de la cabine de la conciergerie.

(1885-1890). Rue Nou de la Rambla 3-5, Barcelone.
Siège de l'Association « Amics de Gaudí ».

Sur un terrain de 18 mètres sur 22, plutôt petit pour y construire ce qui devait être un grand palais pour les Güell, leur résidence en ville et le lieu de leurs intenses relations sociales et veillées culturelles, tout en se trouvant de plus dans une rue très étroite du centre de la ville, Gaudí construisit une œuvre magnifique du point de vue de l'espace, en créant un intérieur très complexe qui donne la sensation d'un palais aux dimensions supérieures. Au total, le palais Güell possède une surface d'environ 2000 mètres carrés et six étages auxquels on doit ajouter la terrasse, conçue comme un espace supplémentaire de l'édifice. On y trouve de nombreuses cheminées et des bouches d'aération camouflées par des revêtements imaginatifs d'azulejos et d'autres matériaux, des sculptures qui annoncent celles que Gaudí concevra ultérieurement sur les terrasses de la Maison Batlló ou de la Maison Milà. La façade, en pierre blanche et aux lignes sobres, comprend la tribune du premier étage et deux énormes portes d'arcs paraboliques, prévues suffisamment grandes pour permettre l'entrée des carrosses jusqu'au sous-sol, où se trouvent les écuries. Les deux portes sont décorées de fer forgé dessinant, dans la partie supérieure, la lettre initiale du propriétaire de la maison. Entre les deux portes, une fenêtre artistique correspondant à la conciergerie culmine au sommet d'une colonne également en fer forgé sur laquelle se trouve l'emblème de Catalogne.

L'intérieur du palais s'organise autour de la grande salle du premier étage ou étage noble qui, à la manière d'un patio intérieur, s'élève jusqu'au troisième étage et culmine par une coupole perforée par de multiples orifices circulaires qui donnent la sensation d'être sous un ciel étoilé. Ce vestibule, en tant que pièce centrale de la maison, sur lequel donne toutes les autres pièces et où se célébraient les réunions sociales des Güell, offre une richesse décorative exquise et des détails soi-

Façade principale du Palais Güell, rue Nou de la Rambla.

31

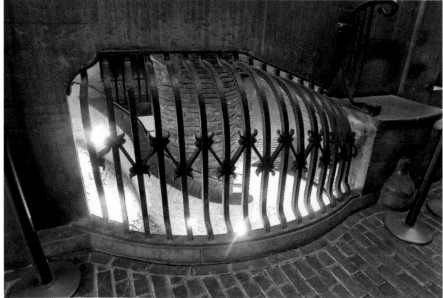

Sous-sols du palais correspondant aux anciennes écuries.

gnés comme l'orgue que Güell fit construire, dont les tubes se trouvent dans la galerie supérieure afin que la musique résonne depuis le haut.

Le reste des pièces, bien que secondaires, furent également très soignées. La variété des plafonds, des fenêtres, des portes et les nombreux éléments pouvant être admirés dans le palais, tous conçus soigneusement et exécutés par des artisans remarquables, démontrent l'extraordinaire imagination de Gaudí.

Parmi les éléments structuraux qui attirent le plus l'attention se trouvent les

Escalier du
vestibule.

33

Deux aspects du salon-salle à manger, pièce s'ouvrant sur la façade principale.

Salon-salle à manger.

127 colonnes aux formes et aux tailles diverses que possède l'édifice. On trouvera des colonnes très grosses et robustes dans le sous-sol, là où se trouvaient jadis les écuries, s'agissant de colonnes porteuses, jusqu'aux colonnes les plus finement polies de l'étage noble. Dans l'ensemble, il existe une quarantaine de types différents de colonnes.

On doit également mentionner les endroits suggestifs comme la tribune-fumoir, l'escalier suspendu de service, les rampes hélicoïdales d'accès au souterrain par lesquelles descendaient les chevaux et les carrosses, les ouvrages

d'artisanat de la salle à manger, les pièces artistiques du mobilier comme la petite table de la salle de bain de l'étage noble ou la chapelle-armoire du vestibule principal, ou encore la composition déjà citée de sculptures construites sur la terrasse avec les cheminées et les bouches d'aération. Pour la façade arrière, Gaudí construisit une tribune originale avec des persiennes, couronnée par une serre aux formes ondulantes. La construction du palais eut lieu entre 1886 et 1890, alors que Gaudí terminait la construction des Pavillons Güell et commençait celle du Collège des Sœurs de l'Ordre de Sainte Thérèse. Il

fut la résidence d'Eusebi Güell jusqu'en 1906. Plus tard, en 1954, l'édifice fut acquis par la Diputation de Barcelone, qui procéda à des restaurations en respectant toujours l'édifice original. En 1984, avec le Park Güell et la Maison Milà, il fut déclaré Patrimoine de l'Humanité par l'UNESCO.

Grâce à une œuvre extraordinaire et audacieuse, dans laquelle tout est incroyablement créatif et dont le style personnel diffère tant de la majorité des édifices construits à la même époque, Gaudí commença à être connu, en éveillant l'intérêt de la presse qui lui consacra plusieurs reportages.

Coupole du vestibule ou grande salle du premier étage, trouée par de multiples perforations circulaires.

Le vestibule ou grand salon du premier étage fut projeté tel une cour intérieure. ▷

Façade arrière.

La terrasse du Palais Güell offre un beau jardin de cheminées. ▷
Chacune d'elles adopte une forme différente et presque toutes
sont recouvertes de céramiques colorées.

Gaudí

Façade principale du Collège des Sœurs de l'Ordre de Sainte Thérèse.

(1888-1889). Rue Ganduxer 95-105, Barcelone.
Collège privé.

En 1888, le père Enric d'Ossó i Cervelló, fondateur de la compagnie de Sainte Thérèse de Jésus, consacrée à l'enseignement, engagea Gaudí, alors en pleine construction du Palais Güell, pour terminer l'édifice à moitié construit du Collège des Sœurs de l'Ordre de Sainte Thérèse. L'architecte précédent dont on ne connaît pas le nom, avait abandonné le projet après avoir seulement construit l'étage noble. Il s'agissait d'un projet un peu insolite. Jusqu'à lors, les œuvres de Gaudí se limitaient à des résidences particulières de bourgeois, financées par des grandes ressources économiques, alors que l'Ordre de Sainte Thérèse disposait d'un budget très réduit, comme le professait un idéal de pauvreté uni à la tempérance représentée par la sobriété à tous les niveaux. Tout cela, en définitive, impliquait une absence de tout ornement baroque afin de répondre à l'exigence d'austérité représentée par le propriétaire et par la fonction de l'édifice en tant que centre scolaire. C'est précisément là que réside le plus grand intérêt du Collège des Sœurs de l'Ordre de Sainte Thérèse, constituant un magnifique exemple de rationalisme constructif, en même temps qu'une œuvre très personnelle, et plus encore en tenant compte du fait qu'il était déjà commencé. A partir du plan rectangulaire de 60 mètres de long déjà existant, Gaudí éleva trois autres étages. Pendant la construction, il utilisa des matériaux bon marché comme la brique, en traitant la structure générale de l'édifice à base d'arcs paraboliques et en réduisant la décoration quasi exclusivement aux solutions de construction. A cet effet, il convient de remarquer les longs couloirs symétriques du premier étage, l'un des espaces les plus magiques créés par Gaudí. Il s'agit de couloirs étroits avec de profondes perspectives obtenues par

Porte de l'entrée du Collège, dans le portail du mirador, réalisée en fer forgé.

Détail de la tribune et de l'un des coins de l'édifice, où est gravé le blason de l'ordre carmélite.

la succession d'arcs paraboliques, illuminés par la lumière naturelle tamisée provenant du patio intérieur, et auxquels le blanc leur confère une splendeur particulière.

Sur la façade principale et pour gagner en présence, Gaudí ajouta un petit bâtiment ressortant en guise de mirador et fonctionnant comme un porche dans la partie inférieure. Ce porche est fermé avec une splendide grille et une porte en fer forgé dont le symbolisme remonte à l'iconographie de l'Ordre.

Au centre du mirador se trouve le blason de l'Ordre, motif que l'on retrouve également dans les coins du bâtiment de la partie supérieure.

Toutes ses façades possèdent une grande harmonie dans leurs formes linéaires. Au rez-de-chaussée, les ouvertures sont définies par des arcs paraboliques ; aux premier et second étages dominent les formes rectangulaires, et à l'étage supérieur s'ouvrent des arcs pointus de différentes tailles. Cette linéarité aussi harmonieuse est rompue

par le mirador avec une nouvelle variante d'arcs pointus plus rectangulaires. Pour couronner l'édifice, une élégante succession de crêtes comme des créneaux, et à chaque coin, des pinacles ou des petites tours culminant par une croix. Un autre élément décoratif des façades est constitué de bandes entre les étages supérieurs avec la répétition de l'anagramme de Jésus sur des plaques en céramique. Par contre, les barrettes de cardinal décorant les créneaux du toit ont disparu.

Perspective des couloirs du premier étage, succession d'arcs paraboliques.

43

Gaudí

Salle à manger de l'étage principal.

(1887-1893). Astorga (León).
Siège du Musée du Chemin de Saint Jacques de Compostelle.

En 1887, Gaudí fut chargé par l'évêque d'Astorga, Joan B. Grau i Vallespinós, ami de l'architecte et originaire tout comme lui de Reus, de construire le nouveau siège du diocèse de cette ville de la province de León, l'édifice précédant ayant été totalement détruit suite à un incendie. Gaudí accepta enchanté, et la même année, il présenta un premier projet qui enthousiasma l'évêque Grau.

Pour pouvoir le commencer, le projet devait cependant compter avec l'accord de l'Académie des Beaux Arts de San Fernando de Madrid, qui formula des réserves et exigea quelques modifications. Gaudí fit face à cela avec son génie habituel, mais l'Académie ne céda pas. Après la modification des plans deux fois de suite pour contenter les désirs de l'Académie, les travaux commencèrent en 1889, même si le climat de désaccord entre Gaudí et l'Assemblée du Diocèse, à l'exception de l'évêque Grau, dura pendant toute la construction du palais.

Mais en 1893, suite à la mort de l'évêque Grau, les travaux furent paralysés. Il manquait l'étage supérieur et le toit. Lorsqu'il fallut continuer la construction, le manque d'entente entre Gaudí et l'Assemblée du Diocèse s'acheva finalement par une démission irrévocable de l'architecte. Même plus tard, en 1905, lorsque le nouvel évêque d'Astorga demanda à Gaudí de revenir pour terminer le palais, ce dernier refusa, prétextant qu'il avait beaucoup de travail avec le chantier de la Sagrada Familia. L'architecte Ricardo García Guerreta fut alors engagé pour terminer le palais, qui disposa alors d'un toit de conception très différente de celle pensée par Gaudí qui avait prévu un toit de forme pyramidale, couleur gris-blanc comme les façades, dans lequel s'ouvraient de nombreuses fenêtres.

Enfin, en 1915, le Palais Episcopal d'Astorga fut achevé, même s'il ne fut jamais utilisé comme siège de ce diocèse. Pendant la Guerre Civile Espagnole, il servit de caserne d'artillerie, l'édifice ayant connu de nombreux dommages ; au début des années soixante, il fut restauré et inauguré en 1963 comme le siège du Musée du Chemin de Saint Jacques de Compostelle.

Le palais se distingue par son aspect évident de château, caractère renforcé par les tours circulaires, les contreforts et les petites douves entourant tout l'édifice, ainsi que par l'utilisation de granit blanc de la province voisine du Bierzo comme principal élément de construction. Même si cette couleur gris-blanc est souvent critiquée du fait du contraste provoqué avec le ton rose de la cathédrale voisine, elle s'identifie aux blancs habits sacerdotaux et est en harmonie avec les neiges recouvrant ces terres en hiver. D'une inspiration clairement gothique, le palais possède un plan en croix grecque et s'organise autour d'une grande pièce centrale dont la fonction est de distribuer l'espace.

Façade principale
du palais.

45

Gaudí

Façade principale du Maison de los Botines.

(1891-1892). Plaza de San Marcelo, León.
Siège d'une banque depuis 1929.

En 1891, en pleine construction du Palais Episcopal d'Astorga, Gaudí reçut la commande de Simón Fernández et de Mariano Andrés, commerçants de tissus établis à León, pour construire un grand édifice dans le centre de cette ville qui servira autant pour leurs activités commerciales que d'appartements privés, et avec d'autres étages destinés à la location. La proposition de Gaudí fut approuvée à la fin de la même année, et les travaux commencèrent immédiatement. Le fait que le fondateur de la société commerciale s'appelait Joan Homs Botinás explique que la maison était connue populairement à partir de la déformation de son nom.

Gaudí construisit un édifice à quatre côtés, en ouvrant la façade principale sur la place San Marcelo, et de laquelle se distingue le portail, dominé par une sculpture de Saint Georges et le Dragon, l'un des thèmes préférés de Gaudí. La sculpture fut moulée en plâtre par Llorenç Mata-mala et ciselée à León par Cantó. Le sous-sol, avec des ouvertures sur la rue pour permettre l'entrée de la lumière naturelle, et l'étage noble étaient destinés au magasin de tissus et aux bureaux ; le premier étage était destiné aux résidences des propriétaires, les deuxième et troisième comprenaient chacun quatre appartements à louer, et enfin se trouvait les combles. L'ensemble est recouvert d'une toiture à deux pentes en ardoise.

La Maison de los Botines se caractérise par sa structure sobre en pierre. La sensation de solidité de l'édifice est seulement rompue par de fines et légères tours, par la sculpture de l'entrée principale et par les fenêtres de claire inspiration gothique.

Deux détails du Maison de los Botines : fenêtre et grille, Saint Georges et le dragon.

Gaudí

Vue générale aérienne.

(1883-1926). Plaça de la Sagrada Família, Barcelone.

Gaudí consacra à cette grande œuvre inachevée plus de 40 ans de sa vie, et de manière exclusive ses 12 dernières années, de 1914 à 1926, en refusant tout autre projet qui lui était alors proposé. Même à la fin de sa vie, il déménagea pour vivre dans l'enceinte du chantier. Cela lui permit de travailler comme il le voulait : rester le plus longtemps possible sur le chantier pour résoudre n'importe quelle question pouvant surgir ou être discutée avec les ouvriers en relation avec les différentes solutions à appliquer. Du fait de sa longue durée, il s'agit de l'œuvre servant d'exemple pour les différentes étapes évolutives de l'architecture de Gaudí, et pour cette raison, il s'agit de l'une des plus complexes à expliquer. Nous avons voulu introduire le thème de la Sagrada Familia entre les deux chantiers de la Maison des Botines à León et de la Maison Calvet, c'est-à-dire entre 1892 et 1900, ce qui correspond au moment de la construction de la façade de la Nativité, même si le premier des clochers et le seul que Gaudí put conclure, celui de Saint Barnabé, ne fut pas achevé avant 1925. Le fait que la construction de la Sagrada Fa-

Façade de la
Nativité.

Ancienne photographie des écoles, grâce à laquelle on peut apprécier la courbure du mur extérieur et celle du toit.

milia dure aussi longtemps est dû aux propres dimensions de l'édifice, ainsi qu'à la décision des fondateurs, l'Association des Dévots de Saint Joseph, selon laquelle l'église doit être uniquement financée par des aumônes et des dons. Cela supposa plus d'une fois l'interruption des travaux par manque d'argent, et l'on sait même que Gaudí en personne participa à plusieurs reprises à la collecte de fonds.

En plus de la façade de la Nativité, la partie construite par Gaudí jusqu'à sa mort en 1926 comprend la crypte, l'abside et une partie du cloître, et le portail correspondant de la Vierge du Ro-

En l'an 2002, le bâtiment des écoles a été transféré à côté de la façade de la Passion pour permettre la poursuite des travaux de la nef centrale. Très endommagé par un incendie s'étant produit en 1936, le bâtiment actuel est une réplique de celui qui avait été projeté par Gaudí. Il fait actuellement partie du musée du temple.

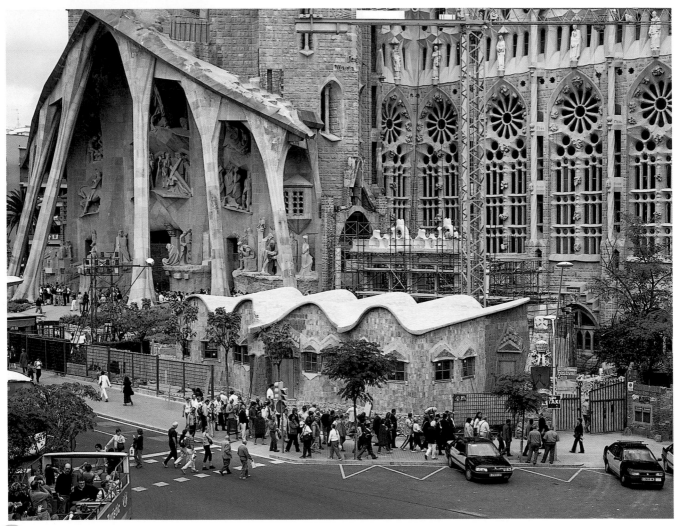

Façade de la Passion, avec des sculptures de J. M. Subirachs, et construction des nefs en cours.

51

Pinacles de l'abside : détail des couronnements.

saire. Il faut ajouter également les écoles du temple, construites entre 1909 et 1910 là où se trouvera la façade principale, une prémisse de ce que devaient être plus tard les futures écoles paroissiales du temple. Même s'il s'agit d'une construction provisoire, elles sont réellement exceptionnelles : en utilisant le minimum de matériaux, seulement de simples parois correctement courbées et un toit également ondulé, Gaudí réussit à éviter les murs porteurs sans perdre en résistance structurelle. A l'intérieur, les pièces sont divisées par deux murs sans rôle constructif pour transformer l'espace sans effort, avec l'importance du sens fonctionnel par dessus tout.

Après la mort de Gaudí, les clochers de la façade de la Nativité furent terminés. Peu après, pendant la guerre civile espagnole, le temple connut un incendie, avec la perte de nombreux dessins et modèles en plâtre que l'architecte gardait dans l'atelier. Les travaux reprirent en 1954 pour la façade Ouest ou façade de la Passion, et actuellement, une partie de la nef et des voûtes sont en construction.

L'église est consacrée et déclarée Basilique mineure par le pape Benoît XVI le 7 Novembre 2 010.

La Sagrada Familia possède un plan de basilique en croix latine, avec cinq nefs dans le sens longitudinal et trois pour les bras du transept. L'abside est très large et comprend sept chapelles, avec un déambulatoire entourant le presbytère. Un cloître entoure l'édifice et les trois grandes façades d'accès. Gaudí a maintenu la disposition du temple conformément aux plans de Francisco de Paula del Villar, le premier architecte du temple qui abandonna le chantier suite à un désaccord en 1884 lorsque la crypte était pratiquement achevée, et qui aurait disposé

Nef centrale de
la crypte.

Cloître : deux aspects du portail du Rosaire.

l'édifice en diagonal, selon l'idée moderniste de singulariser au maximum tout élément de la ville. Ainsi, Gaudí modifia complètement le projet de temple néogothique projeté par Villar, non seulement du point de vue esthétique mais également dans son aspect monumental. Cet aspect monumental se fonde surtout sur la verticalité : pour couronner le temple, un total de 18 clochers, dont quatre d'une hauteur comprise entre 98 et 112 mètres pour chacune des trois façades représentant les 12 apôtres, cinq au dessus du transept représentant Jésus entouré de 4 évangélistes, la tour de Jésus s'élevant jusqu'à 170 mètres de haut, et une dernière tour-clocher recouvrant l'abside consacrée à la Vierge Marie. La crypte fut achevée par Gaudí en 1885. En ce qui concerne la construction déjà commencée par l'architecte Villar, Gaudí éleva la voûte de sorte que quelques vitraux illuminent cet espace, en le décorant d'une belle clef de voûte au dessus de l'Annonciation de Marie. Il in-

Ensemble de
colonnes et
voûtes latérales
en phase de
construction.

55

Façade de la Naissance : portail de l'Espérance, portail de la Foi et anges annonçant l'arrivée de Noël avec leurs trompettes.

troduisit également un fossé aux alentours pour la préserver de l'humidité et permettre une meilleure illumination. L'abside fut construite entre 1891 et 1895 dans le style néogothique. Son aspect le plus intéressant est constitué d'éléments de décoration des pinacles et des gargouilles, inspirés de la flore et de la faune qui vivait dans les environs du temple : lézards, escargots... Parmi les éléments du cloître, on remarque surtout sa disposition originale entourant tout l'édifice. Pour illustrer comment sera le cloître, Gaudí voulut en terminer une partie, qui correspond au portail du Rosaire, à côté de la façade de la Nativité, avec une riche décoration symbolique. Le portail consacré à la Vierge du Rosaire fut achevé en 1899.

Mais sans aucun doute, le plus bel élément réalisé par Gaudí dans la Sagrada Familia est la façade de la Nativité. Elle possède trois portails symbolisant les vertus théologales –Espérance, Foi et Charité–, tous avec une profusion de sculptures aussi réalistes qu'artistiques afin d'illustrer de manière didactique différents passages de la vie du Christ. A gauche, dans le Portail de l'Espérance sont représentés les Fiançailles de Joseph et Marie, la Fuite en Egypte, le Massacre des Innocents et, sur le pinacle, un rocher de Montserrat avec l'inscription « Salveu-nos » (Sauve-nous). Sur le portail de droite, celui de la Foi, sont illustrés la Visitation, Jésus et les Docteurs, la Présentation au temple et Jésus ouvrier dans son atelier de charpentier. Et sur le portail central se trouve, sous l'étoile du Berger, la scène de la nativité de Jésus, avec l'Adoration

57

Portail central : groupe sculptural de la nativité de Jésus.

des Pasteurs et des Rois Mages ; et plus haut, des anges qui annoncent la Nativité avec leurs trompettes, l'Annonciation et le Couronnement de Marie. Le portail central culmine avec un cyprès représentant l'Eglise comme refuge des fidèles, symbolisés par des oiseaux, le tout dominé par une croix. A l'intérieur, et en opposition à l'aspect baroque de l'extérieur, la façade de la Nativité se caractérise par ses volumes simples et géométriquement purs.

Les tours-clochers surgissent des portails et se dressent à 100 mètres de hauteur. Elles sont de structure hélicoïdale, à partir de l'escalier en colimaçon montant à l'intérieur. Dans les vides des clochers, au niveau de la partie la plus haute, Gaudí avait prévu d'installer des cloches tubulaires. Ce son se combinerait avec les cinq orgues de l'intérieur du temple et avec les 1500 voix des chanteurs que comprendra le chœur, lequel devra s'étendre de

chaque côté de la nef et dans la façade de la Gloire. Sur la partie finale de chaque clocher, on peut lire en vertical « Hosanna Excelsis ». Enfin, pour couronner les tours, des figures géométriques aux notes coloristes symbolisent les apôtres, représentés par les signes épiscopaux : l'anneau, la mitre, la balance et la croix.

Les deux autres façades traitent de la mort et de la résurrection du Christ. La première, celle de la Passion, fut pro-

Partie supérieure du portail central.

Extrémité d'un clocher.

Escalier en colinaçon dans l'un des clochers de la Façade de la Nativité et intérieur d'un clocher.

jetée par Gaudí en 1911. Sa construction commença en 1952 et ses sculptures, œuvre de Josep Maria Subirachs datent de 1986. En ce qui concerne la façade principale ou façade de la Gloire, Gaudí laissa une étude de masses et de structures et le plan iconographique et symbolique. Pour ce qui est des nefs et des voûtes, Gaudí réalisa vers 1910 un nouveau projet dans lequel il incorpora des solutions appliquées à la chapelle de la Colonia Güell. Le résultat final « sera comme une forêt », d'après les mots de Gaudí, dans lequel sont remarquables les colonnes en forme d'arbres et la lumière entrant en abondance à travers les vitraux de différentes hauteurs.

Gaudí

Façade principale de la Maison Calvet.

**(1898-1900).
Rue Casp 48, Barcelone.
Maison d'appartements de propriété privée.**

I l s'agit d'une typique maison bourgeoise de l'Ensanche de Barcelone que Gaudí construisit pour le compte de la veuve de Pere Mártir Calvet i Carbonnell, fabricant de tissus. Sa structure respecte la distribution habituelle de l'époque : sous-sol et rez-de-chaussée pour les besoins commerciaux, l'étage principal pour les appartements des propriétaires et le reste des étages pour la location. Du point de vue architectural et de la construction, cette maison correspond à l'édifice le plus conventionnel de Gaudí. Le fait qu'il s'agisse de la seule œuvre pour laquelle Gaudí reçut de son vivant une distinction honorifique, s'avè-

Façade arrière.

Balcon au dessus de l'entrée principale. A la partie inferieure on peut lire la lettre « C », initiale du propriétaire de l'édifice.

Miroir du vestibule d'entrée, dans lequel se reflète le banc en bois également conçu par Gaudí. En opposition, les murs sont recouverts d'azulejos bleus.

Deux détails de la porte principale : sonnettes et marteau, sur lequel on peut voir la représentation d'un scarabée.

Détail d'une porte.

Rez-de-chaussée :
ascenseur et
escalier menant
aux appartements.

65

Les anciens bureaux de la Maison Calvet abritent aujourd'hui un restaurant.

re significatif ; il s'agit du prix décerné chaque année par la Ville de Barcelone au meilleur édifice de la ville (1900) ; sans aucun doute, ses idées architecturales étaient considérées trop imaginatives pour être reconnues par les organismes officiels de l'époque. Du point de vue du style, dans la Maison Calvet, Gaudí supprime toute évocation médiévale ou gothique, tellement présente dans ses œuvres antérieures, et s'incline pour les possibilités que lui offre le baroque, un style auquel il s'était déjà essayé pour la façade de la Nativité de la Sagrada Familia. Les références à ce style sont surtout évidentes sur la façade principale et dans le vestibule de l'entrée, alors que sur la façade arrière, celle qui donne sur le patio du pâté de maisons, les formes sont plus libres et *gaudiennes*. Cependant, les deux façades surprennent par leur symétrie, élément peu habituel dans l'œuvre de Gaudí. Le plus grand intérêt de la Maison Calvet réside particulièrement dans les éléments secondaires, qui comme toutes les œuvres de Gaudí, furent étudiés et conçus très soigneusement par l'architecte en personne, et réalisés par des artisans réputés. Ainsi, par exemple, sur chacune des portes de l'entrée se trouve un curieux marteau sous lequel se cache un scarabée, symbole à cette époque du mal, car sa morsure provoquait des maladies ; de cette manière, lorsque le visiteur actionnait le marteau pour entrer dans la maison, il faisait fuir symboliquement le mal. La forme des colonnes de chaque côté de la porte principale est inspirée des anciennes bobines de l'industrie textile, une activité à laquelle se consacrait le propriétaire de l'immeuble. D'autres allusions au propriétaire se trouvent dans la tribune de l'étage principal, comme l'initiale de son nom ou les représentations des champignons, en référence à sa passion pour la botanique, et au sommet de l'édifice, avec trois effigies identifiées à Saint Pierre

Chaises et canapé du bureau du rez-de-chaussée conçus par Gaudí en bois de chêne.

Martyr, saint onomastique de Calvet, et les deux saints Ginés patrons de Vilassar, d'où Calvet était originaire. Dans la tribune de l'étage principal, sont également représentés un cyprès, symbole de l'hospitalité, un olivier, le blason de Catalogne et les cornes d'abondance.

Le mobilier nombreux et magnifique que Gaudí créa pour les bureaux de la Maison Calvet, en bois de chêne et aux formes organiques, a été partiellement récupéré et peut être admiré à l'endroit même des anciens bureaux, aujourd'hui habilités comme restaurant. D'autres éléments ont également été conservés comme les panneaux séparant les différents bureaux, le comptoir, les poignées ou les anciennes enseignes.

Dans le vestibule d'entrée, tout mérite également d'être cité, mais on remarquera particulièrement l'ascenseur, œuvre exquise réalisée en bois et en fer forgé à travers laquelle Gaudí s'exprima avec une grande fantaisie dans les formes et les dessins.

Détail du canapé du bureau du rez-de-chaussée.

Gaudí

Porte d'entrée de la Maison Bellesguard.

(1900-1902). Rue Bellesguard 16-20, Barcelone.
Résidence de propriété privée.

Cette maison se trouve sur les pentes du Tibidabo, enclave depuis laquelle on peut admirer une belle vue de Barcelone –d'où le nom de Bellesguard, qui veut dire belle vue ou regard–, à l'endroit même où le roi Martin I l'Humain, le dernier monarque de la couronne de Catalogne, fit ériger une résidence d'été. L'extinction de cette dynastie et d'autres événements de l'histoire menèrent finalement à l'abandon et à la disparition de l'ancienne résidence, le seul témoignage restant étant une partie d'un mur crénelé et les restes de deux tours. Lorsque Maria Sagué, veuve de Jaume Figueras, demanda en 1900 à Gaudí de construire la maison à Bellesguard, ce dernier trouva précisément sa principale inspiration dans l'illustre passé historique des lieux. Le résultat en fut cette petite et élégante maison individuelle dont le style évoque les anciens châteaux médiévaux, un hommage évident au gothique catalan.

Pour sa construction, Gaudí n'hésita pas à profiter des restes de la vieille demeure royale, qui furent utilisés pour le vestibule de l'entrée, alors que les autres matériaux proviennent principalement du terrain de la propriété, obtenant ainsi une intégration très harmonieuse dans l'environnement. Le plan de la maison est presque carré, d'environ 15 mètres de côté, longueur interrompue seulement par deux petites avancées, l'une au niveau de l'en-

Façade principale.

Vitrail sous lequel est inscrit le nom de la propriété, et détail de la partie supérieure de l'ensemble : créneaux, cheminée et croix à cinq bras.

trée et l'autre correspondant à la tour-mirador. Cependant, sa structure est échelonnée et s'élève depuis l'entrée jusqu'à la tour-mirador. Cette élégante tour culmine par une croix à cinq bras, sous laquelle se trouve une interprétation personnelle du drapeau catalan. Les ouvertures extérieures ne sont pas très nombreuses, comme du temps des constructions de la période gothique, ce qui explique pourquoi elles s'ouvrent toutes par un arc ogival.

Le fait qu'il s'agisse d'une propriété privée ne permet pas d'admirer les salles intérieures, dans lesquelles on pourrait découvrir un Gaudí très personnel et qui s'éloigne du style gothique de l'extérieur. Par exemple, chaque pièce possède un plafond différent, même s'ils répondent tous à une même structure d'arcs et de voûtes. Le plus intéressant est celui des combles, considéré par les techniciens de l'architecture comme l'un des espaces les

plus réussis de l'œuvre de Gaudí. Une autre pièce d'une beauté suggestive est celle formée par le patio intérieur et l'escalier donnant accès aux étages supérieurs, avec une grande richesse de formes et de solutions esthétiques. La grille de l'entrée est également très intéressante (composition ressemblant à des lances alignées), et en somme, les différentes grilles de la maison, en fer forgé, parmi d'autres détails très nombreux.

Façade arrière.

Lampadaire de la cour intérieure.

Détail du vitrail au dessus de la porte principale depuis l'intérieur, formé par une étoile à huit pointes se prolongeant vers l'extérieur.

Escalier du patio intérieur au dernier étage.

72

Vue des combles.

Gaudí

Pavillon destiné à la conciergerie sur les murs duquel sont inscrits les mots « Park » et « Güell ».

(1900-1914). Barcelone.
Jardin public.

Le Park Güell doit son existence à un projet d'urbanisation privée qu'Eusebi Güell commanda à Gaudí, comme les villages-jardins qui se construisaient alors en Angleterre, d'où son nom *Park* avec un k final à l'anglaise. Cependant, ce projet aussi ambitieux et innovant n'obtint pas le succès escompté, car seulement deux des 62 parcelles prévues furent vendues. Malgré tout, Gaudí put achever ses travaux, en nous léguant l'une de ses œuvres architecturales les plus suggestives et réussies. L'ensemble fut déclaré Monument Artistique par la Ville de Barcelone et 1962, Monument National par l'Espagne en 1969 et Patrimoine de l'Humanité par l'UNESCO en 1984.

Entrée principale du Park Güell.

Escalier principal du Park Güell.

Les travaux commencèrent en 1901, prévus en trois étapes. La première, de 1901 à 1903, consista à aplanir la montagne que Güell avait achetée dans la partie haute de la ville qu'était alors Gracia, cette montagne étant alors connue comme la Montagne Pelée ; cette étape avait pour but de redistribuer le terrain, s'étendant sur 15 hectares au total. Gaudí procéda ensuite à la construction des voies de circulation intérieures du parc, à la conception de la grande esplanade centrale et de la salle inférieure des colonnes, des lieux destinés à la grande place de loisirs et du marché respectivement, et un mur de protection du parc ; les pavillons d'entrée et une maison témoin individuelle furent construits pour la vente des parcelles.

Pendant la troisième étape, de 1910 à 1913, le célèbre banc ondulé fut construit, et plusieurs maisons étaient également prévues, mais le temps passa et personne ne se décida à acheter les parcelles, à cause principale-

Détail de l'escalier : écusson de la Catalogne et tête de serpent.

Escalier principal : le dit « dragon du Park Güell » et banc à l'abri du vent.

77

La Salle Hypostyle et trois détails de la décoration du plafond, des collages très originaux, œuvres de Josep Maria Jujol.

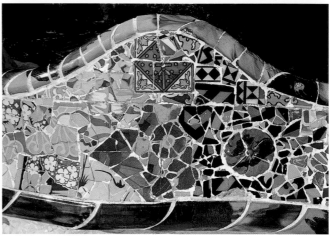

Détails de la décoration du banc ondulant, consistant en de magnifiques collages réalisés avec des restes de céramique et autres matériaux divers.

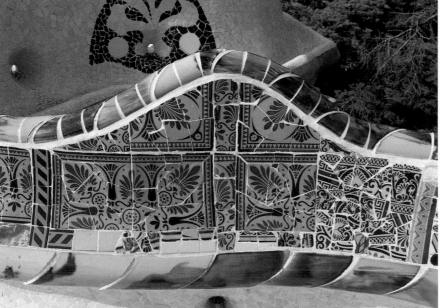

ment de l'emplacement du village-jardin : au début du siècle, il était encore considéré très loin du centre ville et en définitive, un terrain trop isolé. Les deux seules maisons construites furent celle de l'avocat Martí Trias i Doménech, achevée en 1906 sur le projet de l'architecte Juli Batllevell, et celle qu'acheta Gaudí, également terminée en 1906, sur les plans de l'ar-

Le banc ondulé est l'une des plus grandes réussites du Park Güell par sa conception originale et sa décoration innovatrice. ▷

chitecte Francesc Berenguer. Gaudí emménagea ici, avec le peu de famille
qui lui restait : son père Francesc, qui
mourut à la fin de la même année, et
sa nièce Rosa, à la santé très fragile,
qui mourut en 1912 à l'âge de 36 ans.
Il résida dans cette maison jusqu'en
1925, date à laquelle il décida d'aller vivre à la Sagrada Familia. Le parc
comptait également une troisième
maison qui existait déjà quand Eusebi Güell acheta les terrains, même si
elle fut agrandie et restaurée en 1910
pour devenir la nouvelle résidence de
Güell.

Ces trois maisons sont encore conservées. Celle de Güell fut habilitée
plus tard pour accueillir une école
municipale, celle de Gaudí fut acquise en 1961 par la Société des
Amis de Gaudí, qui y installa la Maison-Musée Gaudí avec de nombreux
souvenirs de l'architecte, et celle de
Trias i Doménech appartient encore à cette famille.

L'échec économique du projet et la mort
d'Eusebi Güell en 1918 forcèrent finalement les héritiers de Güell à céder
le parc à la Ville de Barcelone en 1922.
Et c'est ainsi que le Park Güell s'est
converti en jardin public.

L'entrée principale constitue l'un des
sites les plus fantastiques du parc. Le
pavillon de gauche, celui possédant
une grande tour terminée par une
croix typique de Gaudí à cinq bras,
était destiné à l'administration du parc,
alors que celui de droite devait faire
office de conciergerie. Leur structure
singulière et leur décoration riche et
imaginative leur confèrent davantage
un aspect de sculptures que d'édifices

Vue aérienne du Park Güell. La grande
esplanade et la salle inférieure de colonnes
avaient été conçues par Gaudí pour abriter,
respectivement, une place de jeu et un
marché, pour l'urbanisation.

La grande esplanade camoufle un ingénieux système de recueil des eaux pluviales qui fut projeté pour approvisionner l'urbanisation elle-même. Ces eaux descendent par l'intérieur des colonnes jusqu'à une citerne d'une capacité de 12 000 m³ située sous la salle des colonnes.

architecturaux. Ils évoquent, comme beaucoup l'ont dit, les maisons des récits des frères Grimm, en particulier celles du conte d'Hansel et Gretel. Le grand escalier donne accès à la Salle Hypostyle. L'escalier est en lui-même solennel, à double structure et avec des plates-formes par lesquelles jaillit l'eau d'une source cachée. La première plate-forme est décorée d'un médaillon avec les quatre barres de Catalogne et la tête d'un serpent, et l'autre arbore le célèbre dragon du Park Güell, d'apparence beaucoup plus docile que dans d'autres représentations faites par Gaudí. Et avant de rejoindre

la Salle Hypostyle, un curieux banc est protégé du vent par une carapace concave.

L'aspect le plus caractéristique de la Salle Hypostyle, dont les colonnes supportent la grande place supérieure, sont les fausses clefs de voûte décorant le plafond. Pour leur réalisation, tout comme pour celle du revêtement du banc ondulé de la grande place, Gaudí compta avec la collaboration de l'architecte Josep Maria Jujol (1879-1949), l'un de ses disciples les plus remarquables, qui créa avec des restes d'azulejos et de matériaux de récupération les plus divers, ces superbes

collages, précurseurs bien à l'avance des créations de la peinture abstraite et surréaliste.

A côté de la grande place se trouve un réseau complexe de voies de communication, les unes destinées à la circulation de véhicules, les autres aux piétons. Les passages piétons sont formés de portiques, faits de pierres provenant du site même et aux formes évoquant la nature environnante, à l'aide de palmiers couronnant d'énormes pots. L'inclinaison des colonnes et des murs permit à Gaudí de contrecarrer le talus, tout en créant des perspectives fascinantes.

Pour les voies de circulation des piétons, Gaudí dessina de curieux chemins en portique avec des pierres de l'endroit.

Maison-musée
Gaudí.

Maison-musée Gaudí : vestibule, pièce de séjour, salle à manger avec des meubles de la Maison Batlló, bureau et chambre conçus par Gaudí.

Gaudí

Siège épiscopal, dans la Chapelle Royale, dont les murs furent décorés par Gaudí.

(1904-1914), Palma de Majorque, Iles Baléares.

L'intervention de Gaudí dans la Cathédrale de Palma de Majorque, à la demande de l'évêque Campins, titulaire du diocèse de Palma qui rencontra l'architecte au cours d'une visite à la Sagrada Familia et qui fut fasciné par ses connaissances sur la liturgie ecclésiastique, consista à restaurer entièrement l'intérieur de l'église pour lui redonner son ancienne signification liturgique. Cependant, une partie des travaux n'était pas encore achevée lorsque Gaudí abandonna le chantier. Comme pour Astorga, après la mort de l'évêque Campins en 1914, des divergences d'opinions surgirent avec le Chapitre de la Cathédrale scandalisé par le style d'avant garde que Gaudí et son principal collaborateur, Josep Maria Jujol, employaient pour cette œuvre. Les travaux de restauration de l'espace intérieur reposèrent principalement sur le tracé du chœur depuis le centre de l'église jusqu'au presbytère, lequel fut élargi, et sur la récupération de vitraux gothiques auparavant murés pour donner à l'église une meilleure illumination. L'illumination fut précisément l'un des éléments les plus étudiés par Gaudí : pour créer la lumière adéquate dans chaque zone, il construisit diverses lampes et des candélabres en fer forgé, en appliquant dans beaucoup de cas la lumière électrique, un moyen révolutionnaire pour l'époque. D'autre part, le retable majeur baroque fut enlevé et le baldaquin carré du grand autel fut substitué par un baldaquin octogonal suspendu depuis le toit. Une partie du mobilier et des éléments décoratifs appliqués sur les ouvrages en pierre de taille du chœur sont également œuvres de Gaudí.

Perspective générale du grand autel avec le baldaquin suspendu depuis le toit.

Gaudí

Partie supérieure du toit de la Maison Batlló.

(1904-1906). Passeig de Gràcia 43, Barcelone.
Maison d'appartements de propriété privée. Visitable : l'étage principal, la cour intérieure et la mansarde.

Parallèlement aux travaux de la Cathédrale de Majorque et du Park Güell, avant même d'avoir terminé les passages en pierre du parc, les pavillons d'entrée et l'extraordinaire banc ondulé de ce village-jardin imaginaire, Gaudí fut engagé pour restaurer la maison que la famille Batlló, une autre riche famille bourgeoise se consacrant à l'industrie textile, possédait sur le seigneurial Paseo de Gracia, juste à côté de la moderniste Maison Amatller, construite entre 1898 et 1900 sur le projet de l'architecte Josep Puig i Cadafalch. Le propriétaire, Josep Batlló i Casanovas aurait voulu écrouler l'ancien bâtiment de style néoclassique datant de 1875 pour y reconstruire un nouveau, mais Gaudí n'opta pas pour cette solution car il la considérait inutile. C'est ainsi que Gaudí, en partant de la structure existante –et tel est le grand mérite de cette maison– avait projeté les deux façades (celle qui donne à la rue et la façade arrière, puisqu'il s'agit d'une maison située entre deux murs mitoyens), redistribué entièrement le rez-de-chaussée et l'étage principal (pour lesquels il avait aussi conçu tout le mobilier), ajouté les sous-sols, la mansarde et le toit en terrasse, et unifié les deux cours intérieures en une seule cour beaucoup plus spacieuse afin faire pri-

Façade principale.

Partie supérieure du toit, du côté de la façade arrière.

mer l'éclairage intérieur et favoriser la bonne ventilation de la maison. Il faut remarquer que cette dernière intervention constituait une modernisation de l'habitat dans la mesure où, dans les appartements de l'époque situés dans le centre (*Eixample*) de Barcelone, une moindre importance était plutôt donnée à l'éclairage intérieur et à la ventilation. Il appliquerait aussi cette idée de donner une grande importance à la cour intérieure pour La Pedrera, à la différence que cette dernière construction a entièrement été édifiée par Gaudí. Le résultat en fut cette œuvre tellement

surprenante et pleine de fantaisie, dans laquelle la liberté des formes se manifeste dans toute sa dimension ; dit d'une autre manière, comme le font remarquer de nombreuses études, Gaudí applique à partir de cette époque des solutions dictées seulement par sa propre plastique, sans recourir à aucun style historique, et en somme, en imposant son critère très original par dessus tout. L'un des aspects les plus remarquables de la Maison Batlló, autant à l'extérieur qu'à l'intérieur, est l'absence quasi totale de lignes droites. En effet, toute la maison adopte des formes on-

dulées, en commençant par le mur de la façade pour laquelle fut utilisée la pierre polie de Montjuïc. Quant au symbolisme de la façade, les interprétations sont nombreuses : pour certains, il s'agit d'une vision poétique de la mer, pour d'autres une scène du Carnaval (les balcons étant identifiés à des masques, la polychromie du mur à des confetti et la toiture originale au chapeau d'un arlequin), même si la version la plus sûre affirme que toute la façade représente un immense dragon, l'un des thèmes préférés de Gaudí, vaincu par Saint Georges, patron de la Ca-

talogne, légende d'une transcendan-
ce religieuse symbolisant la victoire
du bien sur le mal. Saint Georges est
représenté par la lance-tour culminant
par une croix clavée dans « l'échine »
du dragon, alors que sur la façade se
trouvent les « écailles » de l'animal,
alternant avec les « os » et les « têtes
de morts » de ses victimes, des formes
dont semblent s'inspirer respectivement
les colonnes de l'étage principal et du
premier étage, et les balcons.

Comme dans toute l'œuvre de Gaudí,
même le plus petit détail est l'objet d'une
grande attention. Il convient de remarquer le patio intérieur pour lequel
Gaudí créa un intéressant jeu en relation directe avec la lumière : pour créer
une lumière homogène, les céramiques
qui le recouvrent vont du blanc au bleu
le plus doux ou le plus intense, au fur
et à mesure que l'on monte vers la terrasse, espace offrant une explosion de
couleurs dans le revêtement des cheminées et des bouches d'aération. Il en
est de même des fenêtres et des ouvertures du patio intérieur, de taille différente selon les étages, plus grandes
pour les étages inférieurs et plus petites pour les derniers étages.

Concernant la mansarde, un espace
remarquable en raison de sa grande
élégance et de sa fonctionnalité, il faut
noter la structure organique des arcs
paraboliques dessinant la forme du
squelette de l'immense dragon dans
lequel s'inspire la maison.

On doit également mentionner les
meubles que Gaudí fabriqua pour la
salle à manger de l'étage principal, ainsi
que les portes, les lampes, les cheminées et les multiples éléments secondaires, très souvent intégrés dans l'architecture même, et qui constituent dans
leur ensemble, la meilleur œuvre de
décoration intérieure réalisée par

Façade arrière.

93

Gaudí. Cependant, on ne conserve actuellement que la partie avant de l'ancien appartement des propriétaires, les meubles faisant partie des fonds de la Maison-Musée Gaudí du Park Güell.

De même que pour d'autres œuvres de Gaudí, tous ces éléments furent réalisés par des artisans réputés : Casa i Bardés se chargea de l'ébénisterie, les frères Badia des éléments en fer forgé,

Josep Pelegrí des vitraux, P. Pujol Baucís des azulejos, Sebastià Ribó de la céramique, tout le revêtement de la façade principale provenant de la ville de Manacor, de l'île de Majorque.

Détails de la façade principale.

Escalier menant à l'étage principal et fauteuils assortis de l'ancienne salle à manger (aujourd'hui à la Maison-Musée Gaudí dans le Park Güell).

Etage principal : cheminée d'un vestibule et détail du plafond d'une salle.

Gaudí

Perspective de la façade au coin du Passeig de Gràcia.

(1905-1910). Passeig de Gràcia 92, Barcelone.
Immeuble d'appartements de propriété privée. Siège de la Fondation Caixa de Catalunya et de « l'Espai Gaudí ».

Alors que Gaudí terminait la Maison Batlló, il accepta la commande du commerçant Pere Milà i Camps pour la construction d'une maison nouvelle également située sur le Passeig de Gràcia de Barcelone, à seulement quatre pâtés de maisons de la Maison Batlló. Il s'agira de sa dernière œuvre civile, puisqu'à partir de 1914, Gaudí décida de se consacrer exclusivement à la Sa-

grada Familia. La construction de la Maison Milà eut lieu en même temps que celle du Park Güell et de la crypte de la Colonia Güell.

Elle fut tout de suite surnommée la « Pedrera » par les Barcelonais, avec un certain mépris, ce qui veut dire en catalan « la carrière ». Elle fut également appelée ironiquement « le nid de guêpes » et même « le pâté en croûte ». Ce furent les réactions suite au

désarroi qu'éveillait l'architecture de Gaudí auprès de l'opinion publique, qui fut totalement stupéfaite en découvrant cet édifice : on n'avait jamais vu quelque chose de la sorte. Beaucoup interprètent la Maison Milà comme une montagne dominée par un grand nuage ; pour d'autres, les formes de la façade évoquent clairement les vagues de la mer. Il est sûr cependant que Gaudí prend la natu-

Détail de la
façade donnant
sur la rue
Provença.

Balcon avec des balustrades sculptées par Josep Maria Jujol.   Porte de la rue Provença, avec les grilles dessinées par Gaudí. ▷

re comme exemple et comme source d'inspiration. De plus, il montre sa ferme intention de « *naturaliser* » l'architecture, un processus inverse de celui employé dans le Park Güell, où il « *architecture* » la nature.

Le projet initial de Gaudí pour la Maison Milà prévoyait une couverture de l'édifice avec une énorme sculpture dédiée à la Vierge et l'Enfant, afin de couronner l'énorme base sculptée de l'édifice, mais l'image ne fut pas du goût du propriétaire, si bien qu'elle fut écartée. En revanche, la référence à Marie « Ave gratia M plena Dominus tecum » resta inscrite tout le long de la façade, en ligne ondulée séparant les six étages habitables des deux étages constitués par les combles.

Gaudí pensait également construire une double rampe hélicoïdale autour d'un grand patio permettant aux voitures et aux carrosses de monter jusqu'à la terrasse. Il abandonna finalement cette idée et construisit ces rampes uniquement pour accéder au sous-sol, alors qu'il disposa dans le patio un escalier hélicoïdal extérieur pour monter aux appartements, et qui n'atteint que le deuxième étage.

Dans l'ensemble, la Maison Milà, dont la surface est de 1620 mètres carrés, réunit deux édifices, chacun structuré autour d'un patio central aux formes courbées, et chacun avec son entrée : l'une sur le Paseo de Gracia et l'autre sur la rue Provença. Toute la façade fut construite avec de grands blocs en pierre provenant des villes de Garraf et de Vilafranca, taillés sur place et emboîtés les uns dans les autres. Pour la décoration des balcons, tous différents, Gaudí eut recours à la collaboration de Josep Maria Jujol qui composa d'authentiques filigranes en fer forgé.

Détails de l'escalier et d'un toit et porte d'entrée à l'un des appartements.

Les grilles des portes, au tracé très différent, furent dessinées par Gaudí. L'originalité de la Maison Milà se poursuit à l'intérieur avec des éléments aussi innovants que la rampe hélicoïdale déjà citée d'accès au sous-sol pour les voitures et les carrosses, ou la suppression de l'escalier habituel des immeubles d'appartements du quartier de l'Eixample ; à sa place, Gaudí proposa d'accéder aux appartements uniquement par ascenseur ou par l'escalier de service. De cette manière, il substitua les petits patios insalubres de ventilation par deux grands patios intérieurs. En ce qui concerne l'organisation intérieure de l'édifice, on peut remarquer que tout le bâtiment est supporté par des colonnes et par une structure métallique, avec l'absence de murs porteurs, ce qui permet d'adapter chaque appartement et chaque espace à n'importe quel usage. Quant à la décoration intérieure, il convient de remarquer l'étage principal, aujourd'hui salle d'expositions, avec des colonnes et des plafonds de Josep Maria Jujol. Mais l'endroit qui suscite le plus d'admiration est probablement la terrasse. Elle repose sur un ensemble de combles aux formes sinueuses, où se trouve « l'Espai Gaudí », sur lesquels se trouve la terrasse, de structure échelonnée et peuplée de sculptures insolites. Ces sculp-

Perspective du
patio intérieur.

Vue aérienne des cours intérieures et du toit en terrasse de La Pedrera.

tures originales correspondent aux sorties des escaliers de service (les plus grandes, recouvertes de céramique morcelée), avec les bouches d'aération (celles avec de nombreux trous, formes qui ont été définies comme une prémonition de la sculpture abstraite), et les cheminées (qui lorsqu'elles sont regroupées, ressemblent à de sévères gardiens encapuchonnés).

La Maison Milà fut déclarée Monument Historique-Artistique en 1969 par l'état espagnol, et Patrimoine de l'Humanité par l'UNESCO en 1984. En 1986, elle fut restaurée par la Fondation Caixa de Catalunya qui y tient son siège, avec la réhabilitation de l'étage principal en salle d'expositions temporaires, et les combles en espace consacré à l'œuvre de Gaudí, « l'Espai Gaudí ». Depuis 1999, on peut visiter l'un des appartements de l'édifice, décoré selon le goût remontant à l'époque de sa construction.

« Espai Gaudí » (Espace Gaudí).

Sur la terrasse de La Pedrera, Gaudí créa l'un des espaces les plus surprenants de toute son œuvre.

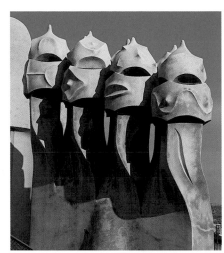

Gaudí

Vue extérieure de la crypte.

(1898-1915). Santa Coloma de Cervelló (Barcelone).

En 1890, sur une propriété de trente hectares de Santa Coloma de Cervelló, une commune proche de la ville de Barcelone, Eusebi Güell fonda un grand complexe textile qui incluait, en plus de l'usine et des maisons des ouvriers, plusieurs équipements comme des jardins, un théâtre, des coopératives et une église. Mais l'église s'avéra rapidement trop petite, si bien que Güell demanda à Gaudí d'en construire une autre. Cette dernière ce situe au pied d'un petit monticule, entouré d'un bois de pins.

Bien que la commande remonte à 1898, les travaux ne commencèrent pas avant 1908, et seront interrompus en 1915 ; et même si l'église n'est pas terminée, avec seulement la crypte et le portail de l'entrée, elle fut consacrée en 1915. Pour comprendre comment Gaudí imagina cette église, plusieurs dessins et croquis réalisés par lui-même sont conservés qui, tout comme ceux de la Sagrada Familia, donnent seulement une idée générale de l'aspect qu'elle devait avoir. Ainsi, tout en sachant que Gaudí aimait changer et faire « mûrir » ses idées architecturales au

fur et à mesure de l'avancée des travaux, il est très difficile de savoir quel aurait été le résultat final si la construction de l'église avait été menée à son terme. Il n'existe aucun modèle en plâtre permettant de deviner les formes définitives, à l'inverse des modèles que fabriqua Gaudí pour la Sagrada Familia. Il existe par contre une maquette d'étude pour calculer les forces d'équilibre de l'édifice à base de cordes au bout desquelles pendent des petits sacs de plomb avec un poids proportionnel à la poussée que chaque point devait supporter. A l'aide de ce système, Gaudí obtenait la structure mécanique de l'édifice qui, vu de manière inversée, rendait l'effet spatial recherché.

Cependant, le fait qu'il s'agisse d'une œuvre inachevée n'enlève pas d'intérêt à la crypte, qui constitue par elle-même un chef d'œuvre. Comme pour le Park Güell, construction parallèle à celle de la crypte, Gaudí *architecture* la nature en établissant une relation étroite et harmonieuse entre la construction et son environnement. Cette relation avec la nature s'exprime dans l'adaptation du plan de la crypte à la colline sur laquelle elle se trouve, dans les matériaux utilisés, dans l'organi-

Entrée à la crypte.

109

Vitraux colorés
par Josep M. Jujol.

Façade arrière.

Intérieur de la crypte.

sation des colonnes du portail de l'entrée comme s'il s'agissait d'une extension du bosquet de pins voisin, dans le fait que chaque colonne est différente et originale tout comme le sont les arbres dans la nature, dans les nervures sinueuses des voûtes et des couvertures... Plus qu'une œuvre réalisée par l'homme, on a réellement l'impression de découvrir une grotte naturelle, sans pour autant être le cas, car ce n'est pas un édifice souterrain.

Une esthétique soignée et une lumière naturelle étudiée, entrant tamisée très doucement à travers des vitraux suggestifs et colorés, lui donnent l'aspect d'un espace ténébreux.
Les formes nettes des quatre colonnes centrales de la crypte surprennent également, réalisées avec la simple juxtaposition de grands blocs de pierre. Il convient également de remarquer l'ensemble des bancs, une œuvre qui combine le fer avec le bois.

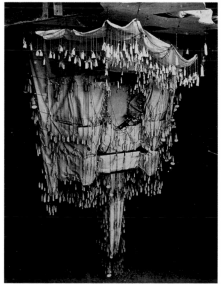

Maquette faite avec des cordes et des petits sacs de plomb pour calculer les forces d'équilibre de l'édifice.

ÍNDEX

EDITORIAL FISA ESCUDO DE ORO, S.A.
Tel: 93 230 86 00
www.eoro.com